BEI GRIN MACHT SICH IHR WISSEN BEZAHLT

- Wir veröffentlichen Ihre Hausarbeit, Bachelor- und Masterarbeit

- Ihr eigenes eBook und Buch - weltweit in allen wichtigen Shops

- Verdienen Sie an jedem Verkauf

Jetzt bei www.GRIN.com hochladen und kostenlos publizieren

Bibliografische Information der Deutschen Nationalbibliothek:

Die Deutsche Bibliothek verzeichnet diese Publikation in der Deutschen Nationalbibliografie; detaillierte bibliografische Daten sind im Internet über http://dnb.d-nb.de/ abrufbar.

Dieses Werk sowie alle darin enthaltenen einzelnen Beiträge und Abbildungen sind urheberrechtlich geschützt. Jede Verwertung, die nicht ausdrücklich vom Urheberrechtsschutz zugelassen ist, bedarf der vorherigen Zustimmung des Verlages. Das gilt insbesondere für Vervielfältigungen, Bearbeitungen, Übersetzungen, Mikroverfilmungen, Auswertungen durch Datenbanken und für die Einspeicherung und Verarbeitung in elektronische Systeme. Alle Rechte, auch die des auszugsweisen Nachdrucks, der fotomechanischen Wiedergabe (einschließlich Mikrokopie) sowie der Auswertung durch Datenbanken oder ähnliche Einrichtungen, vorbehalten.

Coverbild: Piccola @Bigstockphoto.com

Impressum:

Copyright © 2016 GRIN Verlag
Druck und Bindung: Books on Demand GmbH, Norderstedt Germany
ISBN: 9783668715141

Dieses Buch bei GRIN:

https://www.grin.com/document/423580

Laura Volkmann

Zusammenfassung von Markus Caspers "Zeichen der Zeit. Eine Einführung in die Semiotik"

GRIN Verlag

GRIN - Your knowledge has value

Der GRIN Verlag publiziert seit 1998 wissenschaftliche Arbeiten von Studenten, Hochschullehrern und anderen Akademikern als eBook und gedrucktes Buch. Die Verlagswebsite www.grin.com ist die ideale Plattform zur Veröffentlichung von Hausarbeiten, Abschlussarbeiten, wissenschaftlichen Aufsätzen, Dissertationen und Fachbüchern.

Besuchen Sie uns im Internet:

http://www.grin.com/

http://www.facebook.com/grincom

http://www.twitter.com/grin_com

Caspers: Zeichen der Zeit – Eine Einführung in die Semiotik

Intro

- Schuh als nonverbales Zeichen, ein Kommunikationsinstrument, das den Mitmenschen Informationen über Vorlieben und Vorstellungen mitteilt → Über die Nachricht, die ein bestimmtes Kleidungsstück sendet ist man sich manchmal gar nicht bewusst, jedoch kann Kleidung auch voll bewusst eingesetzt werden um etwas bestimmtes zu signalisieren → Kleidung als Bedeutungsträger
- Indexikalisches Zeichen: Anzeichen für etwas, z.B. eine dunkle Wolke als Anzeichen für Regen → etwas, das auf etwas anderes hinweist (=Indizes) → Erscheinung, Zustand oder Hinweis auf etwas (Ort, Zeit, Ereignis). Spur, Fährte, Symptom → Häufig in Kriminalromanen o.ä. zu finden → Wenn ein Detective eine warme Motorhaube fühlt, ist das ein Anzeichen dafür, dass der Wagen bis vor kurzem bewegt wurde
- Der Kriminalroman verdeutlicht ein Axiom der Semiotik und Kommunikationswissenschaft: Man kann nicht nicht-kommunizieren, man kann nicht nichts deuten (Watzlawick) → Jede Handlung, bewusst oder unbewusst, kann von jemand anderem gelesen werden → Handlung als Zeichen, dessen eigentliche Bedeutung oder Inhalt oder Sinn nicht in der Handlung selbst liegt, sondern in einer dahinter liegenden Ebene
- Ein Regenschirm ist nicht nur ein Objekt um Regen abzuweisen, sondern wird zum Zeichen eines sozialen Gebrauchs → es bedeutet Regenwetter

1. Das Zeichen

- Ein Zeichen besteht aus zwei Seiten, die untrennbar miteinander verbunden sind = Dichotomie → Begründer der modernen strukturalen Linguistik, Ferdinand de Saussure, hat dafür ein Bild gefunden: Ein Zeichen sei wie ein Blatt Papier – zwei Seiten, untrennbar miteinander verbunden

Ausdruck	Signifikant / Bezeichnendes
Inhalt	Signifikat / Bezeichnetes

- Funktion von Zeichensystem: Die Kommunikation und die Bedeutungsproduktion mittels der Kopplung einer Form mit einem Inhalt → Wir können über Dinge kommunizieren, die es im wirklichen Leben gar nicht gibt, wir können abstrakt denken und unsere Zeichenverwendung ist unabhängig von Ort und Zeit
- Im Sehen liegt der Ursprung des Verstehens → Wahrnehmung kommt ein entscheidender Anteil am Denken zu → Wahrnehmen heißt die Sinnesdaten zu ordnen, zu vergleichen, zu analysieren

- Wir verstehen deshalb Bilder schneller als Sprache und tun uns schwer Bilder sprachlich zu erfassen → Semiose (= die Bildung bzw. Herstellung von Zeichen) basiert auf der Kopplung einer sinnlich wahrnehmbaren Form mit der Vorstellung einer geistigen Einheit, eines Begriffs oder Begriffsfeldes → Dieser Begriff ist als Abstraktion zu begreifen, im seltensten Fall überlappt der Vorstellungsbegriff mit einem realen Objekt der Wahrnehmung → Abstraktionsleistung: macht es uns möglich, über Sachverhalte und Emotionen zu kommunizieren, die nicht unserer eigenen, direkt unserer Lebenswirklichkeit entspringenden sind
- Ein Zeichen muss einen Bezug zu etwas haben, aber es ist nicht Dasselbe, sondern etwas von etwas anderem Unterschiedenes. Es steht für etwas anderes.

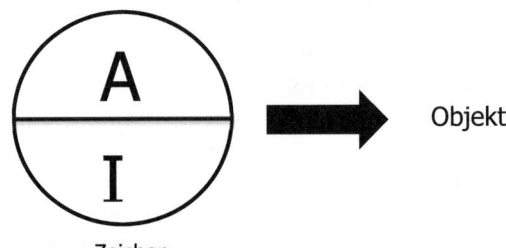

Zeichen

- Beispiel: Verkehrsschild „Fahrradfahren verboten" → Das wissen wir, weil ein Fahrrad zu sehen ist → aber das auf dem Schild abgebildete Fahrrad hat keine Pedale, Kurbeln, Speichen → Trotzdem enthält das Bild genug visuelle Marker, die die Identifikation des Bildes mit dem Begriff Fahrrad einfach machen → es geht um das idealtypische Fahrrad → Aber jeder weiß was das Schild bedeutet und jeder Fahrradfahrer fühlt sich angesprochen, sei es ein Mountainbike, ein Herrenrad oder ein BMX

2. Das semiotische Dreieck

- Semiotik ist eine alte Denk- und Verfahrenssituation, die bei den Griechen beginnt (Aristoteles)
- Bisher wurde gesagt: Ein Zeichen ist etwas, das für etwas anderes steht, deshalb ist ein Fahrrad auch erstmal nur ein Fahrrad und seine Form verbinden wir mit dem Inhalt Fortbewegung aus eigener Kraft → Das macht es nicht automatisch zu einem Zeichen, denn das Fahrrad als Objekt steht an sich nicht für etwas anderes, als sich selbst → erst wenn ich es bewusst wahrnehme und in Beziehung zu meinem Leben, meiner Umwelt setze, kann ein Zeichen daraus werden
- Erste Folgerung: Zeichen existieren nicht an sich, sondern nur für uns → wir sind es, die aus Objekten, Handlungen und Zuständen, Zeichen machen → ohne uns, den Interpreten, ergibt sich aus einer wahrgenommenen Form kein Zeichen
- Beispiel: Verkehrszeichen „Fahrradfahren verboten" → Das abgebildete Fahrrad ist eine bildliche Repräsentation eines gedachten Fahrrads, es würde als Fortbewegungsmittel nicht funktionieren, es deckt auch nicht alle Fahrradtypen

- ab, dennoch sind wir bereit, dieses Bild eines Fahrrads stellvertretend für alle Fahrräder dieser Erde gelten zu lassen → Es ist ein Bild für unsere Idee vom Fahrrad
- Zweite Folgerung: Das Bild des Fahrrads im Verkehrszeichen bzw. seine Form bezieht sich auf tatsächlich existierende Fahrräder, ohne diese zu sein → es hat eine Bezugsfunktion, es hat ein Referens
- Überblick: Ein Zeichen hat zwei Seiten, die sinnlich wahrnehmbare Form Signifikant und das damit verbundene gedankliche Konstrukt Signifikat → sowohl Form, als auch Inhalt beziehen sich auf etwas in der Welt Vorhandenes, auch wenn es sich dabei nur um einen Gedanken handelt
- Der Bezug des Signifikanten zum Referens wird durch einen Code geregelt, den wir kennen bzw. lernen müssen
- Die Beziehung des Signifikats zum Referens scheint natürlich bzw. aus Erfahrungswissen gebildet zu sein
- Ständiges Bezeichnen und Zeichenlesen = Tätigkeit des Zeichenmachens = Semiose
- Es gibt kein Arsenal fertiger Zeichen, die nur darauf warten, endlich von uns erkannt, gelesen und wieder vergessen zu werden → Zeichen sind Produkte der Kultur (mal flüchtig, mal beständig)

3. Das Referens

- Ein Zeichen existiert erst, wenn wir das Bezugsobjekt, das Referens, mitdenken
- Beispiel des Bildes Ceci n'est pas une pipe = Dies ist keine Pfeife: Gekonnte Visualisierung eines scheinbaren Paradoxons: Die Form eines Zeichens ist nicht das Ding, sondern eine kodifizierte Repräsentation davon → Ölfarbe auf Leinwand ist keine brauchbare Tabakpfeife → sie ist nur eine idealtypische Pfeife ohne reales Vorbild → Bild zeigt, dass Koppelung von Form und Inhalt willkürlich, arbiträr ist → Könnte die Form nicht für einen ganz anderen Inhalt stehen?
- Die Beziehungen zwischen den Komponenten eines Zeichens sind nicht ganz einfach → Kurze Zusammenfassung:
  - Es gibt die sinnlich wahrnehmbare Seite eines Zeichens, die wir alltagssprachlich als Form oder Ausdruck, fachsprachlich aber als Bezeichnendes oder Signifikant benennen. Grafisch werden wir diese Seite durch Schrägstriche / / kennzeichnen
  - Es gibt eine inhaltliche Seite des Zeichens, die das mentale Konzept, die Idee bzw. kulturelle Einheit benennt, fachsprachlich das Bezeichnete oder Signifikat. Grafische Kennzeichnung sollen die französischen Anführungszeichen >> << sein
  - Es gibt einen Bezug zwischen Artefakt und Mentefakt (=menschliches Artefakt) → Bezug von Signifikant und Signifikat auf ein Objekt oder eine Handlung, auf ein wahrnehmbares Etwas in der realen Welt oder auf etwas, das als Mentefakt in der realen Welt vorkommt

- o Signifikant /Pfeife/ mit dem Signifikat >>Rauchutensil für Tabak<< bezieht sich auf die Tabakpfeife als realen Gegenstand aus der Welt
- Da prinzipiell alles Zeichen werden kann, ergibt sich immer wieder die Frage, ob Zeichen schon immer da waren oder jeweils neu entstehen.
- Alles kann zum Zeichen für uns, aber nur durch uns werden
- Alles in der Welt kann potenziell ein Zeichen werden, es muss jedoch weder Zeichen werden, noch muss es Zeichen bleiben
- Semiose (=Zeichenwerdung): unbewusst

4. Zeichentypen

- Symbolische Zeichensysteme: Die Form der Inhalte wurde willkürlich (arbiträr) festgelegt → willkürlich bedeutet, dass es keine notwendige, natürliche, sinnhafte, mimetische (nachahmende) Beziehung zwischen der Form und dem Referens gibt
- Symbol: arbiträre Beziehung des Signifikanten zum Referens
- Dadurch dass Symbole willkürlich sind, könnte man auf die Idee kommen, sie kurzerhand umzubenennen wie in der Kurzgeschichte von Peter Bichsel → das Problem hieran wäre die Konventionalisierung
- In Comics sind nachahmende (mimetische) Sprachelemente zu finden → lautmalerische Sprache: wauwau → auch dies ist in anderen Sprachen schon wieder anders → Zeichensysteme sind in den meisten Fällen nach soziokulturellen Kriterien kulturalisiert worden
- Ikon: motivierte, abbildhafte Beziehung des Signifikanten zum Referens
- Ikonisch nennen wir Zeichen immer dann, wenn die Form wie im Beispiel Fahrrad, eine hohe Entsprechung hinsichtlich sinnlich wahrnehmbarer Qualitäten beinhaltet
- Ikon heißt ursprünglich Bild → Bilder im „reinen Sinn" (Piktogramme, Illustrationen, Grafiken, Fotografien, Malerei), die über ein hohes Maß an Wiedererkennbarkeit verfügen, werden schneller und einfacher erlernt als Indexikalische Zeichen und Symbole → Sind nahezu selbsterschließend; Symbole und Indexe müssen immer erlernt werden
- Ikone verdeutlichen, dass Zeichen immer Kultur sind und nie natürlich → auch Ähnlichkeiten unterliegen Konventionalisierungen
- Index: „Anzeichen"; physisch hinweisende oder kausale Beziehung des Signifikanten zum Signifikat und raumzeitlicher Bezug zum Referens
- Indexikalische Zeichen (Indizes): Zustände aus denen jemand liest, was geschehen ist oder geschehen könnte → Wenn-Dann-Verhältnis

4.1 Probe: Fußgängerüberweg

- Verkehrszeichen „Fußgängerüberweg": Verschiedene Länder stellen dieses Schild unterschiedlich dar → Übereinkunft: Darstellung einer menschlichen Figur, die im Gehen begriffen ist und auf Streifen wandelt, deren Zahl variabel ist, blaues Schild, mit schwarzes Darstellung auf weißem Dreieck

- Seitliche Ansicht eines Menschen, dessen Beine scherenhaft auseinander gehen, vom Oberkörper weggestreckte Arme, um darzustellen, dass der Mensch geht
- Zebrastreifenbalken werden räumlich dargestellt, indem sie nach oben aufeinander zu laufen
- Unterschiede: durch soziokulturelle Unterschiede → Nur Männer überqueren die Straße → soll wohl Mensch bedeuten; Schweiz: Mensch trägt formellen Hut, ein tailliertes Sakko und eilt mit vorgestrecktem Oberkörper über den Zebrastreifen – Slowakei: Schiebermütze, einfach Arbeitsjacke, geht lässig über die Straße
- Das weiße Dreieck und die blaue quadratische Einfassung sind als Symbol zu klassifizieren, dessen Inhalt und Bedeutung wir lernen müssen
- Der Standort des Verkehrszeichens ist ein indexikalisches Zeichen: Es weist darauf hin, dass nach Sichtung etwas geschehen könnte: Ein Mensch überquert die Straße

5. Bedeutung

- Bedeutung im semiotischen Sinn hat keine individuellen Implikationen, die wir alltagssprachlich mit Sätzen wie „für mich war von Bedeutung..." oder „das bedeutet doch, dass..." artikulieren. → Bedeutung im semiotischen Sinn ist eine Funktion oder Relation, die sich aus der Kombination von und der Differenz zwischen Elementen ergibt → diese Elemente können die verschiedenen Seiten des Zeichenprozesses sein (S-ant, S-at, Referens, Interpretant) oder es kann die Auswahl und Kombination verschiedener Zeichen oder Einheiten sein, die Bedeutung erzeugt
- Kopplung von Signifikant und Signifikat muss arbiträr und konventionalisiert sein, um Kommunikation zu ermöglichen → Signifikate sind deshalb kulturelle Einheiten, für die wir Formen suchen und finden, um uns so über die Referenten zu verständigen → Kulturell weil menschengemacht und von Gesellschaft zu Gesellschaft unterschiedlich → /Himmel/ als Jenseits und atmosphärische Erscheinung → Englisch: /sky/ und /heaven/
- Viele Signifikanten haben mehrere Signifikate → in der Kommunikation müssen wir also aus dem Kontext und den anderen Referenten herauslesen, welches Signifikat gemeint ist, welche Bedeutung erzeugt wird
- Bedeutung ist vor allem eine differentielle Funktion: Dinge werden auf Grund eines Vergleichs zueinander bewertet und ausgewählt → es stehen potentiell viele Signifikanten zur Verfügung, die zu einem bestimmten Feld/ Klasse von Signifikaten gehören und es wird ausgewählt, welche Signifikanten für die jeweilige Kommunikation am besten geeignet sind
- Bedeutung als Relation zwischen Signifikant und Signifikat und deren Beziehung zum Referens → nur unter Einbeziehung oppositioneller Signifikanten → Beispiel: Toilettenkennzeichnungen /H/ oder /D/ → Bedeutung des /H/ ist die

\>\>Herrentoilette<< → Oder /WC/ → Information und somit Bedeutung ist
\>\>Toilette<<

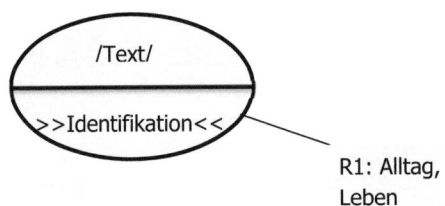

R2: ein Beispiel sein

R = Referens

R1: Alltag, Leben

6. Erste Bedeutung und weitere Bedeutungsebenen

- Bedeutung: sinnhafte Kopplung von Signifikant und Signifikat in Relation zum Referens und dem Vergleich mit anderen Zeichen durch einen Interpretanten
- Signifikate als kulturelle Einheit → sie sind mentale Bilder von Ausschnitten aus der Lebenswelt → umfasst tatsächlich Vorhandenes und Phantasiegebilde, Träume, Imaginationen, die als Referenten taugen
- Die meisten dieser Zeichen und ihre Bedeutungen sind konventionalisiert und auf einer ersten Ebene festgeschrieben = denotative Ebene
- Denotation: Erste Ebene der Bedeutung, auch Gegenstands- oder Funktionsbedeutung genannt
- Die einfachste Definition eines Zeichens: Etwas, das für etwas anderes steht
- Geschichten werden durch Schriftsprache erzählt → Text aus Schrift ist die Form für die Geschichte als Inhalt → Bedeutung könnte sein, das sich jemand wiedererkennt, Vergleiche zum eigenen Alltag zieht → Der Inhalt dient aber auch als Gleichnis oder Beispiel dafür, dass alles etwas bedeuten kann, und zwar nicht nur dann, wenn wir das intendieren
- Metasprachlich, konnotativ: Bedeutungsebenen jenseits der denotativen Ebene
- Alles, was uns umgibt, alles, was wir tun bzw. nicht tun, potentiell zum Zeichen werden kann → wenn wir uns kleiden /Kleidung/, dann ist die ursprüngliche Funktion >>Schutz des Körpers<< weitgehend zurückgetreten → Neue Bedeutungsaspekte: Aktualität, Mode, Style, Spiel von Zeigen und Verhüllen, Trends,...
- Semanalyse: (=Das Herausarbeiten der Bedeutung tragenden Merkmale, die ein Objekt distinktiv von anderen Objekten unterscheiden) von Signifikant /Hose/ → Kleidungsstück für die Beine und den Unterteilsbereich, Beine in separaten Stoffröhren, enthält viele variablen Bedeutungsaspekten (Material, Verarbeitung,...) → welche man mit Hose verbindet kann mit verschiedenen Dingen zu tun haben (z.B. Trends, Weltanschauung, Wunsch nach Unauffälligkeit oder Anderssein,...)

- Menschliche Kommunikation ist immer aus mehreren Bedeutungsebenen geschichtet, auch dann, wenn wir versuchen, von diesen Ebenen zu abstrahieren, weil wir bspw. Etwas Neues lernen

6.1 Probe: Denotation und Funktionalismus

- Erste Hochphase der strukturalen Linguistik setzte in den 1930er Jahren ein → nach Peirce und De Saussure, die den Boden für verschiedene strukturalistische Schulen gelegt hatten
- Linguisten behandelten Detonation als Hauptbedeutung, weil sie die Nebenbedeutungen (Konnotationen) in Schwierigkeiten gebracht hätten
- Funktionalistische Gestalter und Architekten: Funktion im Sinne eines dem System nützlichen Zustands oder einer Disposition
- Sitzen ist der Inhalt des Stuhls als Form (Beispiel)
- Form kann niemals nur die Funktion abbilden, da jede Form mit anderen Formen aus der gleichen Klasse von Objekten konkurriert und darauf ihre Bedeutung zieht
- Eco teilte Zeichen in künstliche und natürliche Zeichen → bei künstlichen unterschied er die funktionalen von den designativen

7. Auswahl und Kombination

- Jede bewusst formulierte Aussage entsteht durch die fortlaufende Kombination von zwei Achsen, durch die Aktualisierung bzw. Auswahl eines Elements aus einer Reihe ähnlicher oder veränderbarer Elemente → diese ausgewählten Elemente kombinieren wir mit anderen Elementen, die ebenfalls auf ihren Achsen sitzen und ausgewählt werden

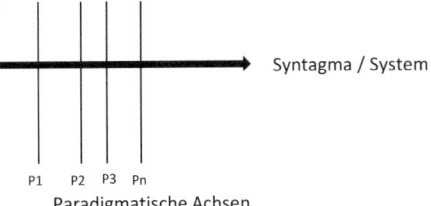

- Beispiel: Bei Word gibt es ein großes Menu, in dem man verschiedene Schriftarten auswählen kann → Das Menu entspricht dabei der syntagmatischen Achse, dem System. Die Schriftart, die ich wähle ist dann ein paradigmatisches Elemente → Paradigmatische Achse /Schrifttyp/, auf der Schriften sitzen → eine wird ausgewählt (gibt noch weitere paradigmatische Achsen: /Hintergrundfarbe/, /Farbkontraste/ usw.) → Die Kombination aller paradigmatischen Elemente aus der syntagmatischen Ebene konstituiert die Form meiner Botschaft
- Beispiel: Wenn mir jemand eine Frage stellt, habe ich verschiedene Möglichkeiten hierauf zu antworten → Diese möglichen Antworten sind eine paradigmatische Achse → Die Antwort die ich wähle, ist ein paradigmatisches Element

- Zeichensysteme sind so komplex, dass sie mehr als ein einziges Bedeutung tragendes Elemente (ein Sem) notwendig ist, um einen Aussagen/Botschaft zu erstellen
- Auch Verkehrszeichen benötigen drei bis sechs paradigmatische Achsen, um erstellt bzw. realisiert werden zu können: Ende der Vorfahrtsstraße: Form: ☐ 45° (Drehung, Form), gelb (Farbe innen), weiß (Farbe außen), Querbalken (Symbol), kein Ikon → Sind alles Paradigma, die am Ende ein Syntagma, das „fertige" Verkehrsschild, ergeben
- Paradigmatische Achsen sind so etwas wie Möglichkeitsbahnen: Sie enthalten Signifikanten, die für das jeweilige Syntagma geeignet sind
- Durch die Veränderung eines einzigen Elements kann sich Botschaft verändern → ob sie dies wirklich tut, kann man über die Kommutationsprobe herausfinden: Es gibt nur wenige Verkehrszeichen, weshalb der Austausch eines Elements, /Fahrrad/ - /Auto/ die Botschaft verändern würde. Die Sprache hat beispielsweise für die gleichen Dinge ähnlich Begriffe, wodurch sich zwar die Aussage ändern kann, der Sinn aber immer noch derselbe bleibt

8. Der Code

- Der Code regelt das Verhältnis zwischen Signifikant/Form und Referens, außerdem das Binnenverhältnis der Signifikanten untereinander
- Wir erlernen Codes, die uns ermöglichen, Bedeutung tragende Einheiten zu einfachen Zeichen oder Zeichenkomplexen zusammen zu setzen, die dann wiederum in einem Kontext auf Signifikanten- oder Signifikate-Ebene bestehen können
- In seinem Metier (=bestimmte berufliche o.ä. Tätigkeit als jemandes Aufgabe, die er bzw. sie durch die Beherrschung der dabei erforderlichen Fertigkeiten erfüllt) gut zu sein, bedeutet also, verschiedene Codes zu kennen und unter Umständen einen eigenen Code zu entwickeln, der von anderen als solcher erkannt und akzeptiert wird

8.1 Probe: Elvis Calling

- Bedeutung (die Funktion aus Inhalt und Form in Relation zum Kontext) entsteht nur als Opposition zu anderen Zeichen

9. Sprache und Sprechen

- Die Begriffe „Sprache" und „Sprechen" beziehen sich auf jedes Zeichensystem: Wir müssen eine „Sprache", d.h. ein System von bedeutungstragenden Einheiten, Zeichen und Zeichenclustern kennen und anwenden → dann können wir sie „sprechen"
- Sprache stellt uns ein Inventar zur Verfügung, mit dem wir kommunizieren können → Wortschatz kann dabei enorm variieren

- Langue: System von Regeln und Elementen, die jedes Zeichensystem braucht, um funktionsfähig zu sein → Die Langue kann man als soziale Institution und Wertesystem beschreiben, als einen kollektiven Vertrag, den der Einzelne nicht umgestalten oder neu erschaffen kann, wenn er sich nicht aus der Kommunikation ausschließen will → Langue muss erlernt werden
- Parole: Akt des tatsächlichen Sprechens → Der Sprecher bedient sich der Regeln und des Inventars der Langue, um zu kommunizieren, am Diskurs teilzunehmen
- Zwischen Langue und Parole besteht eine dialektische Beziehung, denn die eine kann ohne die andere nicht sein

Langue:
- Regeln
- Inventar
- Konvention

Parole:
- Praxis
- Erweiterung
- Prozess

- Erstarrte Syntagmata: Werden nicht mehr einzeln kombiniert, obwohl sie aus mehreren paradigmatischen Elementen bestehen → werden als Ganzes in Kommunikation eingebaut
- Man kann den gelernten Code leicht variieren ohne anzuecken (z.B. im Bereich Kleidung), indem die vorgegebene Langue mit eigener Parole formuliert wird (z.B.: Kleidungsstück, dass extrem alt ist, aber dem Code entspricht) → nennt sich Idiolekt, der persönliche Stil
- In der Mode spielen Langue und Parole schon lange ein Wechselspiel → soziale Unterschiede und Einstellungen durch modischen Variation nach außen kommunizieren
- Ein Code, der Varianten ermöglicht, solange das Syntagma erhalten bleibt, kennzeichnet offene Gesellschaften und Strukturen → Wie weit man den Code dehnen und aus der Langue seine eigene Parole machen kann, hängt vom Umfeld und der eigenen Sprachfähigkeit ab

9.1 Probe: Die Sprache der Mode

- Kleidung des Menschen ist Teil eines kommunikativen Systems, das man Mode oder Fashion oder Style nenne kann und das selbst wieder Bestandteil anderer kommunikativer Systeme ist
- Langue der Kleidung besteht aus Gegensätzen/Oppositionen von Kleidungsstücken und Einzelteilen, deren Variation eine Aussage verändert, aber auch aus den Regeln der Zusammenstellung nach gesellschaftlichen Vorbildern
- Die tatsächlich getragene Kleidung ist ein vollkommenes Zeichensystem, da es eine Langue mit Regeln gibt und eine Parole, die für jeden darin besteht, mit den jeweils individuellen Möglichkeiten die Langue auszufüllen

- Mit dem Aufkommen der Massenmedien und den parallel dazu einsetzenden Textilproduktionsverfahren wurde es immer leichter, eine Langue der Kleidung zu lernen und individuell als Parole zu sprechen
- Wenn einzelne Personen, so genannte Stilikonen eine individuelle Parole zeigen und von Medien zu Beispielen einer neuen Langue gemacht werden, die wiederum von anderen Menschen adaptiert und somit zur Parole gemacht werden
- Heutzutage neuer Höhepunkt durch Modeblogs → Menschen auf der Straße als Beispiele für eine auffällige Parole zu fotografieren → als Vorbilder für neue Produktionen
- Konventioneller Code bezüglich Kleidung: Niemals verschiedene Muster miteinander kombinieren oder Farben, die einander ähnlich sind → Code >>formal ordentlich, korrekt gekleidet<<
- Paradigmatische Aspekte wie lange Hose, geschlossenes Hemd, dunkle Strümpfe und Halbschuhe stehen für den Business-Code) Syntagma

9.2 Probe: Motortalk

- Beim Auto besteht die Sprache (Langue) aus einer Gesamtheit von Formen und Details; Sprechen (Parole) ist sehr eingeschränkt, denn bei gleichen Standard ist die Freiheit in der Auswahl des Modells äußerst gering: man kann nur mit zwei oder drei Modellen spielen und innerhalb eines Modells nur mit Farbe oder Innenausstattung
- Automobil-Verhalten: Autos so tunen und verändern, um sie dem eigenen Automobil-Verhalten anzupassen = Parole → Trends, die übernommen wurden gingen in die Langue ein
- Tuning wie z.B. Spoiler oder Kotflügelverbreiterungen → diese Parole wurde von Autoherstellern adaptiert → heute gehört dies völlig selbstverständlich zur Langue
- Beispiel: Ausgebauchte Radhäuser waren ursprünglich ein Merkmal von Serienautos, die für den Motorsport modifiziert wurden → Inhalts >>Sport, Leistung<< → heute sind leichte Ausbauchungen an den Seitenflächen bei beinah allen Automobilen zu finden = neue Parole vieler Hersteller

10. Semiotik und Gestaltung

- Zeichenprozesse sind reziprok (wechselseitig): Als Betrachter, als Interpretant erwecke ich ein Zeichen erst zum Leben → Ein Zeichen wird erst zum Zeichen, wenn ich es wahrnehme (z.B. in der Werbung)
- Es wird ein hohes Maß an Bekanntem eingesetzt, das mit einem kleinen Anteil von Neuem, so noch nicht Kombinierten, vermengt wird → Gestaltung nennt man die Tätigkeit, die die Form formt → Gestalter arbeiten an der metasprachlichen (Metasprache=zu Zwecken der Erklärung/Beschreibung eingesetzte Sprache) Erweiterung und Veränderung der Formseite des Zeichens
- Bedeutung als differentielle Funktion wird über die Kombination paradigmatischer Elemente zu neuen Syntagmata hergestellt → geschieht meistens, indem

- erstarrte Syntagmata oder bereits bekannte Kombinationen von Zeichen verwendet und neu kombiniert werden
- Um eine Idee oder einen Gedanken zu kommunizieren, muss jeder Sprecher eine Form dafür finden (Beim Sprechen wird Parole nahezu automaisch erzeugt, beim Schreiben schon schwieriger)
- Beispiel: Schriftzeichen sind Form von bedeutungstragenden Einheiten der Signifikate und können ganze Morpheme oder Signifikate repräsentieren → Innerhalb der Kulturgeschichte hat man diese eigentlich konventionalisierten Schriftzeichen in immer neuen Variationen geschrieben, geschnitten und gesetzt → deshalb heute verschiedene Schreibweisen
- Die Form ist nie ohne Bedeutung und ohne Inhalt: manchmal sind Inhalte rein differentieller Natur → Inhalt von Form A ist, nicht Form B zu sein → Bei word der gleiche Buchstabe mit Serifen und ohne Serifen → Schweizer Typografie

10.1 Probe: Schweizer Typografie und Punk

- Bedeutung ist eine differentielle Funktion → Keine Zeichenkombination ist in ihrer Bedeutung festgelegt, kein Zeichen hat einen ewigen Sinn (Beispiel: Unterschiedliche Bedeutungen des „Hakenkreuzes" → Symbol des deutschen Nationalsozialismus und im Hinduismus als Glückssymbol)

10.2 Probe: Zeichengeschichte und Geschichte

- Verwendung bekannter Signifikanten als erhoffte Garanten erfolgreicher Kommunikation
- Beispiel: /"V"/ (Signifikant) → >>Rächer, Schurke, Anarchist<< (Signifikat) → Referens: Guy Fawkes

11. Das fotografische Bild

- Bilder gehen der Sprache voraus → Bilder sind Ausschnitte aus der Wirklichkeit, sie stellen Beobachtbares und Wahrnehmbares dar
- Ein Bild ist eine nachgeschaffene oder reproduzierte Ansicht, unabhängig von Ort und Zeit, konserviert
- Bilder stehen selten allein, meistens in einem Zusammenhang → Die meisten Bilder sind Bild-Wort-Kopplungen (Titel + Gemälde,...)
- Im Umgang mit Bildern stößt die Semiotik auf mehrere Probleme: Unterschied zwischen Fotos und traditionellen Bildern und Die Gleichzeitigkeit von Zeichen in Bildern und die Trennung von denotativen (nur den begrifflichen Inhalt eines sprachlichen Zeichens betreffend, ohne Berücksichtigung von Nebenbedeutungen) und konnotativen (assoziative, emotionale, stilistische, wertende (Neben)bedeutung eines sprachlichen Zeichens betreffend) Inhalten
- Konnotation ist ein Bedeutungssystem, das sich der Signifikate bemächtigt und zusätzliche Inhaltsebenen an diese vorhergehende Kopplung von Signifikat und Signifikant heftet → dadurch kann der ursprüngliche Sinn verdeckt werden oder

verloren gehen, versucht von Menschen gemachte Entscheidungen als natürliche Prozesse darzustellen
- Beispiel: Denotative Ebene der Fotografie (Junge in Uniform) → Aber fotografisches Verfahren ist ein technisches, reproduzierendes → rein denotative Fotografie?
Bild soll eine entpersönliche Idee, eine Ideologie transportieren → Bild soll aussagen: „Sieh doch, wie die jungen Völker Afrikas, die französische Kolonien sind, loyal zum französischen Mutterland stehen"
- Aktuelleres Beispiel: Werbespot zeigt die Herstellung einer Nudelsoße als Arbeit italienischer Landfrauen → Aber: Hersteller ist Globalplayer der Nahrungsmittelindustrie, bei dem Soßen nur maschinell hergestellt werden
- Fotografie erweckt den Eindruck von Glaubwürdigkeit und Vertrauen
- Das die Aussage steuernde Referens könnte heißen: Panzani-Produkte sind genauso gut wie frische Zutaten
- Entscheidung für Visualisierung einer Werbebotschaft: Welches Verfahren ist, abhängig vom Kern der Botschaft, am besten geeignet, Werte wie Authentizität oder Projektionsmöglichkeiten zu repräsentieren? → Fotografie als Beweis von Erfolg, Schönheit, Wirkung
- Fotografie – eine Botschaft ohne Code? → Fotos sind kein Unikat, sondern durch Reproduktionsverfahren entstanden → Alle Transformationen, die nötig sind, eine Wahrnehmung in eine reproduktive Form zu bringen, einen Signifikanten herzustellen, sind codiert → auch die Fotografie
- Schwarzweiße Fotos galten als künstlerisch wertvoller, ehrlicher, direkter, objektiver als Farbfotos

11.1 Probe: Das codierte Bild

- Ein Foto ist immer ein Bild von etwas und damit ein Zeichen

12. Vom Bild zum Objekt

- Der visuelle Code von sportlichen Wettbewerben aller Art: Aufkleber und Farben des Sponsors

13. Metasprache und Konnotation

- Metasprachliche Erweiterung: Signifikantenebene erweitern → einem bestehenden Signifikat weitere Signifikanten zuordnen → Metasprachlich: mit und in einer Sprache (Langue) über eine Sprache sprechen → Aus /Hose/ wird eine Vielzahl von Beinkleidern
- Jede metsprachliche Erweiterung zieht eine konnotative Erweiterung nach sich, da die Form der Dinge, die Signifikantenseite, immer und sofort auch die Form des gesellschaftlichen Gebrauchs davon ist
- Kennzeichen aus Signifikant und Signifikat erweitert sich ganz schnell → auf beiden Seiten

- Metasprache und Konnotation sind quasi-natürliche Erweiterungen, die offenbar zu wuchern beginnen, sobald das Zeichen seine gesellschaftlich-kommunikative Existenz beginnt
- Die paradigmatische Erweiterung der Signifikantenseite als gesellschaftliche, kulturelle Praxis sorgt demnach für die Erweiterung der Langue, während die konnotative Erweiterung der Signifikate auf die Veränderung und Erweiterung der Parole zielt – eine fortwährende Bedeutungsverschiebung durch gesellschaftliche Praxis und Kommunikation

14. Semiotik und Gesellschaft

- Ein Signifikant allein reicht nicht zur Bildung eines Bedeutungsraumes, sonders es müssen verschiedene Signifikanten zusammenkommen, die in ihrer Kombination zueinander und der Differenzierung anderen Sinnzusammenhängen gegenüber als Zeichen oder Bedeutungseinheit gelesen werden können → Diese Anwendung der semiotischen Methode kann sich von der Exploration neuer Gestaltungstrends und Lebensstile bis zur Erkennung politisch extremer Gruppierungen erstrecken, sie verbindet die Wahrnehmung ästhetischer, non-verbaler Erscheinungen mit den gesellschaftlichen Ideen, die damit verknüpft sein können

Verwendete Literatur:

Caspers, Markus (2013): Zeichen der Zeit. Eine Einführung in die Semiotik. Köln: Indianapolis Communication.

BEI GRIN MACHT SICH IHR WISSEN BEZAHLT

- Wir veröffentlichen Ihre Hausarbeit, Bachelor- und Masterarbeit

- Ihr eigenes eBook und Buch - weltweit in allen wichtigen Shops

- Verdienen Sie an jedem Verkauf

Jetzt bei www.GRIN.com hochladen und kostenlos publizieren